글 | 김보인
대학과 대학원에서 역사를 공부했습니다.
출판사에서 일하면서 〈소설 삼국지〉, 〈세계 전래동화〉 등을 만들었습니다.
지금은 학교에서 역사를 가르치며, 틈틈이 아이들이 쉽고 재미있게 읽을 수 있는
글을 쓰고 있습니다.

그림 | 김은성
고려대학교에서 심리학을, 홍익대학교 대학원에서 그래픽디자인을 공부했습니다.
만화와 그림을 그리며, 그림을 그리지 않을 때는 산책을 합니다.
점점 더 좋은 책을 만들고, 점점 더 멀리 산책을 갈 생각입니다.
그린 책으로는 〈고모가 잠잘 때 생길 법한 일〉, 〈내 어머니 이야기〉 등이 있습니다.

누리 세계문화 32 이집트 파라오의 마음이 궁금해

글 김보인 | 그림 김은성 | 펴낸이 김의진 | 기획편집총괄 박서영 | 편집 정재은 이영민 김한상 | 글 다듬기 박미향 | 디자인 수박나무
제작·영업 도서출판 누리 | 펴낸곳 Yisubook | 주소 경기도 고양시 일산동구 일산로67, 3층 | 고객상담실 080-890-7000
잘못된 책은 바꾸어 드립니다. 이 책에 실린 글이나 그림을 무단으로 복사, 복제, 배포하는 것을 금합니다.
⚠ 1. 사람을 향해 던지거나 떨어뜨리지 마십시오. 2. 고온 다습한 장소나 직사광선이 닿는 장소에는 보관하지 마십시오.

파라오의 마음이 궁금해

글 김보인   그림 김은성

"뭐 재미있는 일이 없을까?"
아심이 집 앞 의자에 앉아 하품을 해요.
아심의 집은 진흙으로 지어졌어요.
이집트는 비가 거의 오지 않으니까
빗물이 흘러내리도록 할 필요가 없기 때문에 지붕이 납작해요.
창이 작은 것은 뜨거운 햇볕을 피하기 위해서고요.

"나귀에게 물이나 먹이고 와야겠다."
아심은 나귀를 타고 강으로 갔어요.
나일 강을 따라 집들이 이어져 있어요.
사람들은 나일 강에서 먹을 물을 얻어요.
농사지을 물도, 물고기도 모두 나일 강에서 얻지요.

아심은 반짝거리며 떠 내려오는 걸 발견했어요.
"뭐지?"
건져 보니 램프였어요.
램프 속에는 낡은 쪽지가 들어 있어요.
아심은 쪽지에 쓰인 글을 읽었어요.
"파라오의 마음을 찾아라? 이게 무슨 뜻일까?"
파라오는 옛 이집트 사람들이
신의 아들이라 여겼던 이집트의 왕을 가리켜요.

저녁 먹을 시간이에요.

코사리와 야채 샐러드가 차려졌어요.

아심은 에이쉬 빵을 집어 든 형에게 말을 건넸어요.

"형, 낮에 강에서 이상한 걸 주웠어."

"파피루스*잖아. 오래된 물건인가 보다.

너는 '파라오의 마음'이 뭐라고 생각하니?"

*__파피루스__ 갈대를 얇게 잘라 물에 적셔 포개고 눌러 만들어 종이처럼 쓰던 것이에요.

다음 날 아심은 형과 함께 파라오의 마음을
찾아보기로 했어요.
"우선 아부심벨 신전으로 가 보자. 신전은 파라오가
제사를 지내던 곳이니까 뭔가 찾을 수 있을 거야."
형과 아심은 펠루카에 탔어요.
펠루카는 나일 강을 따라 어디든 데려다 주는 고마운 배예요.

아부심벨 신전 앞에는 람세스 2세 부부의 조각상이 있어요.
"이렇게 어마어마한 신전을 세우다니, 람세스 2세는 참 대단해."
형이 람세스 2세 때는 이집트가 번성하고 잘살았다고 말해 주었어요.
"큰 신전을 세울 만큼 힘을 키우고 싶은 게 파라오의 마음이었을까?"
아심은 람세스 2세를 올려다보며 말했어요.
"람세스 2세님, 파라오의 마음이 뭔가요? 대답 좀 해 주세요, 네?"

"아심, 카르나크 신전으로 가 보자."
카르나크 신전은 파라오가 풍년을 빌며
태양신에게 제사를 지냈던 곳이에요.
안으로 들어서니 커다란 돌기둥이 있었어요.
"형, 농사가 잘되길 바라는 게 파라오의 마음일까?
파라오가 태양신께 풍년이 되게 해 달라고 빌었다니까 말이야."

다음 날, 아심은 피라미드를 보러 가기로 했어요.
피라미드는 파라오의 무덤이에요.
피라미드와 피라미드를 지키는 스핑크스는
어마어마하게 커서 멀리서도 눈에 띄어요.

"이렇게 클 줄은 몰랐어. 돌 하나가 내 키만 해!"
아심은 낑낑대면서 돌 위에 올라섰어요.
옛날에 이렇게 큰 돌을 어떻게 쌓았는지 신기하기만 해요.
"옛날 사람들은 파라오가 죽어서도 자신들을 돌본다고 믿었대.
그래서 이렇게 커다란 무덤을 만든 거야."

이집트에는 곳곳에 피라미드가 있어요.
피라미드 주변에는 왕비와 공주의 무덤도 있지요.
안에는 파라오의 조각과 벽화가 새겨져 있어요.
벽화를 통해 옛 이집트 사람들이
어떻게 생활했는지 알 수 있지요.
"형, 피라미드 안에 시체도 있는 거야?"
"원래는 그랬지. 황금 관에 모셔져서 말이야.
하지만 보물을 탐낸 도굴꾼들이 모두 훔쳐 가 버렸어.
가까스로 남은 관들은 박물관에 보관되어 있지."

아심은 카이로 국립 박물관으로 갔어요.
그곳에는 투탕카멘의 황금 가면과 황금 관이 있지요.
"아심, 투탕카멘은 아홉 살에 파라오가 되었어."
"아홉 살에? 그럼 나랑 같은 나이네!"
아심은 황금 가면을 한참 바라봤어요.
'내 나이에 이집트를 다스렸겠구나.'
아심은 투탕카멘이 걱정도 많고 힘들었을 것 같았어요.
'파라오의 마음이란 걱정거리가 가득 찬 마음인지도 몰라.'

아심과 형은 박물관에서 나와 시내를 걸었어요.
카이로 시내는 높은 건물이 많고, 바빠 보였어요.
아심은 골똘히 생각에 잠겨 있어요.
"형, 파라오의 마음은 이집트 사람들을 걱정하는 마음,
잘살기를 바라는 마음인 것 같아."
형은 빙긋 웃기만 해요.

여기는 이집트!

정식 명칭	이집트 아랍 공화국
위치	아프리카 대륙 북동쪽
면적	약 100만 1천km²
수도	카이로
인구	약 8,689만 명
언어	아랍어
나라꽃	수련

기자 피라미드

나일 강
이집트의 유일한 강이야. 비가 내리면 나일 강 상류의 기름진 흙이 강물에 실려 와 하류에 쌓여. 덕분에 농사가 잘되니까 사람들이 모여 살아.

이집트는 아프리카 대륙 북동쪽에 있어. 이스라엘과 가자 지구, 리비아, 수단과 맞닿아 있지.

파라오는 누굴까?

옛날 이집트 사람들은 농사를 잘 짓도록 이끌어 줄 강력한 지도자를 원했어. 그 지도자가 바로 파라오야. 사람들은 파라오가 신의 아들이라고 생각했대. 파라오의 흔적을 통해 옛날 이집트 사람들이 어떻게 생활했는지 알아볼까?

파라오의 무덤 _기자 피라미드

피라미드는 파라오의 무덤이야. 이집트 사람들은 파라오가 죽어서도 자신들을 돌본다고 믿었어. 그래서 파라오를 미라로 만들고 엄청나게 큰 피라미드를 만들었지. 가장 큰 피라미드는 기자에 있어. 그리고 앞에는 피라미드를 지키는 수호신을 세웠어. 스핑크스 말이야. 스핑크스는 몸은 사자이고 얼굴은 사람이야.

나를 본떠 만들었대.

파라오가 제사를 지냈던 신전_카르나크 신전

파라오는 커다란 신전을 세우고 농사가 잘되게 해 달라고 제사를 지냈어. 카르나크 신전이 가장 유명한데, 커다란 돌기둥마다 그림과 상형 문자가 새겨져 있지.

큰 돌기둥이 134개나 있대.

가장 유명한 파라오가 만든 신전_아부심벨 신전

이집트 문명을 꽃피운 유명한 파라오인 람세스 2세가 세운 신전이야. 신전 앞에는 람세스 2세 부부의 조각상이 있지. 얼마나 큰지 상상이 되니?

이런 게 궁금해요!

피라미드를 만든 걸 보면 이집트 사람들은 정말 대단한 것 같아. 그래서 그들이 입는 옷, 먹는 빵 모두 신기하고 궁금해. 궁금한 것들을 하나하나 알아보자.

더운데 왜 긴 옷을 입는 거야?

이집트는 몹시 무더운 곳이야. 여름이면 낮에 40도까지 올라가지만 일 년 내내 비가 거의 오지 않아. 긴 옷은 이집트 전통 옷이야. 길지만 얇아서 덥지 않아. 오히려 따가운 햇볕으로부터 몸을 가려 주지.

지금도 태양신에게 제사를 지내?

아니야. 이집트 사람들은 대부분 이슬람교를 믿어. 이슬람 세력이 이집트를 차지하고 이슬람교를 전파했지. 카이로 시내엔 이슬람 사원이 많이 있어.

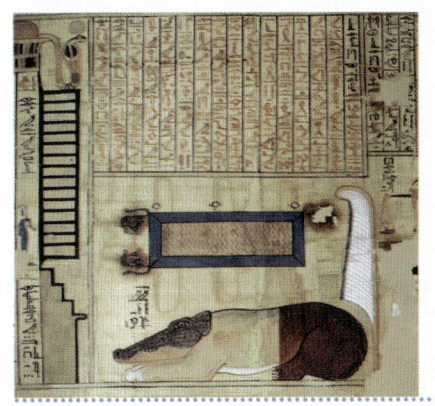

파피루스는 무엇이지?

파피루스는 이집트 사람들이 쓰던 일종의 종이야. 파피루스는 나일 강에서 자라는 갈대 종류인데 이를 얇게 잘라 강물에 적셔서 누른 뒤 말려서 썼어.

에이쉬 빵은 무슨 맛이야?

에이쉬는 밀가루 반죽을 화덕에 구워 만든 빵이야. 씹을수록 고소한 맛이 나지. 화덕에 구울 때 크게 부풀어 오르는데 안이 비어 있기 때문이야. 이집트 사람들은 빵 속에 토마토나 콩을 넣어서 먹기도 해.

고소한게 얼마나 맛있다고!

왜 미라를 만들었을까?

미라는 썩지 않고 건조되어 원래 상태에 가까운 시체야. 옛날 이집트 사람들은 사람이 죽어도 영혼은 살아 있다고 믿었지. 그래서 영혼이 머물 수 있도록 미라를 만들었던 거야. 카이로 박물관에 가면 람세스 2세의 미라와 투탕카멘의 미라를 넣었던 황금 관을 볼 수 있어.

이집트 사람들은 방부제를 써서 미라를 만들었어.

일러두기
1. 맞춤법, 띄어쓰기는 국립국어원에서 펴낸 〈표준국어대사전〉을 기준으로 삼았습니다.
2. 외국 인명, 지명은 국립국어원의 〈외래어 표기 용례집〉을 따랐습니다.

사진제공
토픽이미지, 유로크레온, 연합뉴스, Gettyimages, Imagekorea, 몽골문화촌

재미있는 누리 세계문화

아시아
- 01 중국 | 황제를 만난 타오
- 02 일본 | 요코의 화과자
- 03 베트남 | 할아버지는 어디 계실까?
- 04 태국 | 무아이타이 고수를 찾아라
- 05 필리핀 | 차코의 소원
- 06 인도네시아 | 엄마와 함께 바롱 댄스를
- 07 몽골 | 게르에서 살까?
- 08 네팔 | 정말 예티일까?
- 09 인도 | 하누만, 소원을 들어주세요
- 10 사우디아라비아 | 지금은 라마단
- 11 터키 | 할아버지의 마법 양탄자

유럽
- 12 영국 | 앨리스와 스펜서 백작
- 13 프랑스 | 소원을 들어주는 빵
- 14 네덜란드 | 여왕님의 생일 선물
- 15 독일 | 우리는 동화 마을 방위대
- 16 스위스 | 납치된 가족은 누구?
- 17 이탈리아 | 가방이 바뀌었어
- 18 그리스 | 주문을 외워 봐
- 19 에스파냐 | 엉뚱 할아버지의 집은 어디?
- 20 스웨덴 | 삐삐와 바이킹 소년
- 21 덴마크 | 레고랜드로 간 삼촌
- 22 러시아 | 나타샤의 꿈
- 23 체코 | 슈퍼맨 마리오네트
- 24 루마니아 | 도둑을 잡으러 간 소린

아메리카
- 25 미국 | 플루토 스팟을 찾아가요
- 26 캐나다 | 퍼레이드가 좋아
- 27 멕시코 | 사라진 태양의 왕국
- 28 쿠바 | 말랭이 영감 다리 나았네
- 29 브라질 | 삼촌의 선물
- 30 페루 | 고마워요, 대장 콘도르
- 31 칠레 | 펭귄을 데려다 주자

아프리카
- 32 이집트 | 파라오의 마음이 궁금해
- 33 나이지리아 | 힘차게 달려라, 나이지리아
- 34 케냐 | 마타타의 신나는 사파리 여행
- 35 남아프리카 공화국 | 루시와 마누 친구

오세아니아
- 36 오스트레일리아 | 오페라 하우스를 그려 봐
- 37 뉴질랜드 | 하우, 너라면 할 수 있어
- 38 투발루 | 간장 아가씨, 바닷물을 조심해요

주제권
- 39 화폐 | 돈조아 임금님의 퀴즈
- 40 다문화 | 달라도 괜찮아
- 41 옷 | 외계인 빠송 옷 구경 왔네
- 42 신발 | 클로그를 신을까, 바부슈를 신을까?
- 43 음식 | 황금 포크는 내 거야
- 44 스포츠 | 뚱아 덕아 운동 좀 하자
- 45 괴물 | 유치원에 괴물이 나타났어요